EL CASO WATERGATE

El escándalo que provocó
la caída de Nixon

Por Quentin Convard
Traducido por Elena Muñoz Galvez

Historia | en50MINUTOS.es

EL CASO WATERGATE

- **¿Cuándo?** Del 17 de junio de 1972 al 9 de agosto de 1974.
- **¿Dónde?** En Washington D. C.
- **¿Contexto?** La reelección de Richard Nixon.
- **¿Principales protagonistas**?
  - Richard Nixon, estadista estadounidense (1913-1994).
  - Sam Ervin, político estadounidense (1896-1985).
- **¿Repercusiones?**
  - Crisis de confianza de los estadounidenses en la función presidencial.
  - Sustitución de Nixon por Gerald Ford (1913-2006) al frente de la Casa Blanca.

¿Cómo es posible que un simple robo provoque, dos años después, la dimisión del presidente de los Estados Unidos? Entre 1972 y 1974, se sucede una serie de revelaciones y dimisiones de altos funcionarios cuyo punto de mira son los delirios paranoicos y absolutistas de la administración Nixon. Es el escándalo Watergate, una batalla legislativa y judicial con tintes de novela policíaca, y prueba de que la democracia estadounidense se asienta sobre unos mecanismos de salvaguardia y una libertad de prensa que consiguen evitar los posibles excesos de un presidente ávido de poder.

Para los Estados Unidos, el caso Watergate es uno de los mayores acontecimientos de la segunda mitad del siglo XX. Este escándalo, que coincide en el tiempo con el final de la guerra de Vietnam (1954-1975) y con los albores de la crisis económica, marca el fin de una era y sumerge a los Estados

Unidos en un periodo de incertidumbre.

CONTEXTO

LAS ELECCIONES PRESIDENCIALES

En 1972 tienen lugar las elecciones presidenciales que enfrentan al presidente saliente, Richard Nixon, y al demócrata George McGovern (1922-2012). Nixon, presidente desde 1968, puede presumir de haber distendido las tensas relaciones con la Unión Soviética y de haber contribuido a la reactivación de la economía y al envío de astronautas a la Luna. Pero su principal obsesión son la seguridad y el control. Por ello, durante su primer mandato, vacía de responsabilidades el gabinete de la Casa Blanca y concentra todo el poder en manos de algunos colaboradores en los que confía plenamente, como Henry Kissinger (nacido en 1923), John Ehrlichman (1925-1999) y Robert Haldeman (1926-1993). Haldeman, que con anterioridad había trabajado en publicidad, ayuda al californiano a transformar la Casa Blanca en una máquina de comunicación, al servicio de un jefe de Estado obsesionado con su imagen, la información y el control de la misma.

Frente al presidente saliente se encuentra el senador demócrata de Dakota del Sur, George McGovern, opositor declarado a la guerra de Vietnam, quien propone la instauración de una renta mínima y aboga por mejorar las relaciones con Fidel Castro (estadista cubano, 1926-2016). El candidato demócrata, considerado demasiado de izquierdas, no es ninguna autoridad dentro de su partido; su investidura se debe solo a la renuncia de las dos figuras destacadas del partido: Edmund Muskie (1914-1996), senador por Maine, y

Edward «Ted» Kennedy (1932-2009). El primero es víctima de un complot orquestado por el Partido Republicano. Los republicanos habían filtrado a la prensa una carta en la que Edmund Muskie denigraba a los franco-canadienses. Esta carta resultará ser falsa, pero su reputación no se recuperará jamás. Ted Kennedy, por su parte, abandona la campaña en 1969 tras haber provocado un accidente en Chappaquiddick en el que fallece su colaboradora. Por tanto, estas elecciones no tendrían que ser más que un mero trámite para Nixon.

OLEADA DE PROTESTAS

El comienzo de los años setenta en los Estados Unidos está marcado por varios movimientos de protesta. Los Black Panthers (movimiento revolucionario afroamericano) y los Weathermen (colectivo estadounidense antirracista y anticapitalista), por mencionar solo algunos de ellos, amenazan la tranquilidad de las clases blancas burguesas de los Estados Unidos. Este miedo se suma al instaurado por los disturbios raciales de la segunda mitad de los años sesenta, que destruyen a su paso los avances realizados por el presidente Lyndon B. Johnson (1908-1973) en materia de derechos cívicos. Lo que en los años sesenta fuera una cuestión central, pasa a un segundo plano tras el asesinato, el 4 de abril de 1968, del líder pacifista Martin Luther King (1929-1968), dando lugar a un periodo en el que surgen grupos de acción violentos. Pese a que en los Estados Unidos no se conociera Mayo del 68, existe igualmente la sensación y la convicción de que la sociedad tiene que evolucionar hacia una mayor igualdad y de que tiene que volver a centrarse en sus problemas internos, abandonando para ello, en concreto, el conflicto irresoluble de Vietnam.

Durante las elecciones de 1968, el conflicto de Vietnam se sitúa, por tanto, en el centro de todos los debates. El liderazgo de Lyndon B. Johnson se encuentra fuertemente criticado, por lo que Richard Nixon, para convencer al electorado, solo tiene que prometer una salida rápida y honrosa del conflicto. Si bien la retirada de las tropas estadounidenses comienza tras su elección, paradójicamente, los bombardeos se intensifican. Además, los Estados Unidos invaden Camboya el 29 de abril de 1970 sin autorización previa del Congreso. Por todo el país estallan numerosas manifestaciones de estudiantes contrarias a la guerra, algunas de ellas reprimidas con violencia, que testimonian la voluntad absoluta de la población de poner fin al conflicto, tanto más tras la cuestión de los Papeles del Pentágono.

LOS PAPELES DEL PENTÁGONO

El 30 de junio de 1971, el Tribunal Supremo exculpa al *New York Times* y al *Washington Post* por la publicación de una investigación secreta sobre la intervención en Vietnam que había sido encargada por el secretario de Defensa, Robert McNamara (político estadounidense, 1916-2009). Las 7000 páginas de este informe, filtradas a la prensa clandestinamente por el analista Daniel Ellsberg (nacido en 1931) a comienzos de 1971, prueban que el Gobierno ha intensificado la guerra deliberadamente mediante operaciones clandestinas. Estas revelaciones provocan una gran conmoción en

la opinión pública y terminan de convencer a los estadounidenses de que hay que poner fin al conflicto de
Vietnam. Aunque el descrédito afecta principalmente a
John F. Kennedy y a Lyndon B. Johnson, Richard Nixon se
enfurece por la filtración de estos archivos y percibe la
decisión del Tribunal Supremo como una afrenta al ejecutivo. Este incidente refuerza su idea de que la prensa
liberal del Este del país es un enemigo importante para
su administración.

EL PODER DEL *WASHINGTON POST*

Desde su llegada a la Casa Blanca, Richard Nixon distribuye,
en privado, «puntos negativos» a los periodistas demasiado
críticos para su gusto y desconfía de la prensa intelectual de
las grandes ciudades del Este. Y no sin razón: el escándalo
Watergate será, en gran parte, revelado e instigado por el
Washington Post.

Con la llegada de la posguerra, el estado de la prensa estadounidense cambia por completo. Muchos periódicos desa-
parecen y las ciudades cuentan, como mucho, con dos o tres
periódicos, que a menudo pertenecen al mismo propietario.
En Washington subsisten dos diarios: el *Post* se publica por
las mañanas y el *Star* por las tardes. El primero se convierte,
tras la absorción del *Times Herald* durante el periodo de
la administración Kennedy, en una de las publicaciones
más influyentes del país. Tras la muerte de su propietario,
Phil Graham (1915-1963), su mujer Katharine (1917-2001) se
queda sola al mando y amplía el imperio financiero del dia-

rio, en concreto, mediante la adquisición de un semanario, una cadena de televisión y una estación de radio. Con una tirada de 530 000 ejemplares entre semana y de 720 000 los fines de semana, y como resultado de su imperio financiero y su situación geográfica, el *Post* se convierte en un referente para la prensa. El periódico, independiente y más bien liberal, cuenta con una redacción experimentada dirigida con firmeza por Benjamin Bradlee (1921-2014).

Los periódicos tienen un papel clave en el funcionamiento de la democracia estadounidense; de hecho, la libertad de expresión y de prensa está recogida en la primera enmienda de la Constitución. Así, en un país en el que no existe prensa diaria de ámbito nacional, las publicaciones locales compiten entre sí y se encuentran al acecho de todo escándalo potencial, en especial aquellos relacionados con las conductas ilícitas de quienes detentan el poder.

BIOGRAFÍAS

RICHARD NIXON, ESTADISTA ESTADOUNIDENSE

Retrato de Richard Nixon.

Richard Nixon, hijo de un tendero, es investido como el 37.º presidente de los Estados Unidos el 20 de enero de 1969, sucediendo en su cargo a Lyndon B. Johnson. Con anterioridad, el californiano había sido, entre 1947 y 1950, miembro de la Cámara de Representantes por el 12.º distrito de California y, entre 1950 y 1953, senador por ese mismo estado. A continuación, forma parte de la candidatura republicana a las presidenciales de 1952 junto a Eisenhower (1890-1969), convirtiéndose así en su vicepresidente entre 1953 y 1961.

En mayo de 1960, se presenta como candidato republicano a la presidencia, pero pierde frente a John Kennedy por un escaso margen. Repite en 1968, esta vez con éxito, cuando vence al demócrata Hubert Humphrey (1911-1978) con una campaña centrada en el restablecimiento de la ley y el orden. Estas elecciones tienen de particular que un tercer candidato se da cita en la batalla final: el gobernador demócrata de Alabama, George Wallace (1919-1998) obtiene el 13,5 % de los sufragios emitidos y un total de 46 compromisarios.

Tras ser reelegido en 1972, el mandato de Richard Nixon está marcado por la guerra de Vietnam, por el inicio de la Distensión con el bloque soviético y por la llegada a la Luna, el 21 de julio de 1969, de los astronautas Armstrong y Buzz Aldrin. Este acontecimiento tiene una importancia fundamental para los estadounidenses, ya que borra el varapalo sufrido en 1957, cuando la Unión Soviética consiguió poner en órbita el primer Sputnik. Este segundo mandato llega a su fin antes de lo previsto, cuando el caso Watergate obliga a dimitir a Nixon, el 9 de agosto de 1974.

Richard Nixon retoma la vida civil tras ser indultado por el presidente Gerald Ford. En 1978 publica sus memorias, tras haber reconocido que la había «fastidiado»[1] (Aitken 1996, 545). Desde este momento, la vida del 37.º presidente de los Estados Unidos se mueve entre la de un paria, la de un conferenciante reconocido y demandado, y la de un político apreciado por diferentes estadistas extranjeros, como Deng Xiaoping (estadista chino, 1904-1997).

El 18 de abril de 1994, Richard Nixon sufre un derrame cerebral y, cuatro días después, se produce su fallecimiento.

SAM ERVIN, POLÍTICO ESTADOUNIDENSE

Retrato de Sam Ervin.

---

1. Cita traducida por 50Minutos.es

Entre 1954 y 1974, Sam Ervin es senador por Carolina del Norte, estado del que es originario. Tras luchar en Francia durante la Primera Guerra Mundial (1914-1918), se gradúa en Derecho en 1922 por la Universidad de Harvard. Es elegido en tres ocasiones (1922, 1924 y 1930) como representante por el condado de Burke.

Su mandato como senador está marcado por su oposición a la legislación sobre derechos cívicos, que le lleva, en 1956, a pronunciarse en contra de la decisión del Tribunal Supremo de abolir la segregación racial en las escuelas públicas. Ervin es elegido por los demócratas para presidir la comisión de investigación sobre el escándalo Watergate. Dimite poco antes de finalizar su mandato, en diciembre de 1974. Retoma entonces su carrera como jurista y trabaja como consejero de una firma de abogados.

Sam Ervin fallece a los 88 años tras una enfermedad.

EL CASO WATERGATE

LOS «FONTANEROS» Y EL ALLANAMIENTO DEL EDIFICIO WATERGATE

El 17 de junio de 1972, se produce un allanamiento en la sede del Partido Demócrata: comienza así el escándalo Watergate. La presencia de cinco ladrones en el prestigioso edificio Watergate no sorprende a la policía, pero su inusual perfil y el posterior interrogatorio, por el contrario, acrecientan la confusión.

Vista aérea del edificio Watergate, fotografía de 2006.

Los delincuentes, en el momento de su arresto, están en posesión del perfecto equipo de un aprendiz de espía: guantes de goma, cámaras fotográficas, *walkies-talkies* y el equipo electrónico necesario para colocar micros. Cuatro de los sospechosos son originarios de Cuba, y el quinto, James McCord (nacido en 1924), pertenece al Comité para la Reelección del Presidente (CRP), una organización creada por los aliados de Richard Nixon con vistas a las elecciones presidenciales de 1972. Sorprende más todavía que McCord es también exagente de la CIA y del FBI, además de coronel en la reserva del ejército del aire. Más aún, los agentes encargados de la investigación encuentran en posesión de los «fontaneros» (sobrenombre que se les ha dado *a posteriori*, en referencia a su trabajo eliminando filtraciones) la llave de una habitación de hotel y, dentro de esta, una importante suma de dinero y un carnet en el que figura el nombre de Howard Hunt (1918-2007), un espía y escritor estadounidense empleado en la Casa Blanca. Lo que en un principio podría parecer un vulgar robo, resulta ser una intriga digna de las más grandes novelas policíacas. Como Washington es un distrito federal, es el FBI quien se encarga de la investigación.

A medida que pasan los días, todos los indicios apuntan al CRP y a la Casa Blanca. El 28 de junio de 1972, se produce un golpe de efecto: Gordon Liddy (nacido en 1930) abandona su puesto en el CRP tras haberse negado a responder a los agentes del FBI. ¿Estaría relacionado con el suceso? Por su parte, John M. Mitchell (1913-1988), ex fiscal general, abandona la presidencia del comité el 8 de julio. Tanto los investigadores como la opinión pública están confundidos: ¿por qué han forzado los «fontaneros» la sede demócrata, para poner micros?, ¿quién es el responsable de la operación?, ¿cuál es el grado de responsabilidad del CRP y de sus dirigentes? Por su parte, Richard Nixon niega toda implicación por parte de la Casa Blanca.

Sin el tenaz trabajo del *Washington Post* y de dos de sus periodistas, Carl Bernstein (nacido en 1944) y Bob Woodward (nacido en 1943), el allanamiento del Watergate no habría pasado de ser más que un asunto algo confuso en el que se mezclaban cuestiones relacionadas con la política. Pero la perseverancia y obstinación de ambos reporteros da sus frutos. Con la ayuda de una fuente secreta, apodada Deep Throat («Garganta Profunda»), descubren información relacionada con la financiación ilegal del CRP, quien está pagando la defensa de los intrusos. Descubren también que el objetivo de Donald Segretti (nacido en 1941), miembro del mismo comité, era hundir la campaña demócrata utilizando todo tipo de subterfugios para calumniar a los dirigentes del partido rival. El trabajo de Carl Bernstein y de Bob Woodward saca a la luz las manipulaciones desleales del Partido Republicano durante la campaña presidencial; también, la relación existente entre los intrusos y los líderes del CRP, Howard Hunt y Gordon Liddy, quienes lo han planificado todo. Deep Throat dará a conocer su identidad en 2005: la enigmática fuente era W. Mark Felt (1913-2008), el número dos del FBI en el momento de los hechos.

Aunque el *Washington Post* no lo descubre todo, el resultado de sus investigaciones es corroborado y completado por la minuciosa investigación del FBI y las declaraciones de numerosos testigos ante el gran jurado, lo que permitirá arrojar luz sobre ciertos aspectos poco claros. A lo largo de todo el caso, la prensa juega su papel a la perfección:

mantiene informado al público y evita que el robo se pierda rápidamente en el olvido. Los perpetradores del robo, frente a la acumulación de pruebas, sienten miedo y comienzan a hablar. Llega así el momento de las confesiones.

EL MOMENTO DE LAS REVELACIONES

Pese al descrédito de los métodos del Partido Republicano, Richard Nixon no se ve salpicado todavía por el caso y es reelegido por un amplio margen (61 % de los sufragios emitidos) frente al demócrata George McGovern. Los republicanos, sin embargo, no tienen mayoría en el Congreso, lo que demuestra que, a comienzos de los años 70, los estadounidenses no son verdaderos republicanos sino más bien «nixonianos».

Nixon, cegado por su reelección, piensa equivocadamente que la historia del Watergate se diluirá tras su victoria. Sin embargo, el 8 de enero de 1973 da comienzo el juicio a siete inculpados bajo la presidencia de John Sirica (1904-1992), un juez conocido por su severidad. Howard Hunt y los cuatro cubano-estadounidenses se declaran culpables para evitar un juicio con jurado. Así, James McCord y Gordon Liddy se quedan solos frente al tribunal. Liddy es un modelo de mutismo durante todo el juicio, pero McCord se muestra mucho más hablador: admite haber sufrido presiones para guardar silencio y afirma que el asesor jurídico del presidente, John W. Dean (nacido en 1938), estaba al corriente de la operación Watergate.

Aunque el juicio termina el 2 de febrero, habrá que esperar hasta el 23 de marzo para conocer la sentencia. Mientras tanto, el Congreso se implica en el asunto y confía a Sam Ervin, senador por Carolina del Norte, la labor de dirigir una comisión especial de investigación sobre la campaña presidencial.

LAS COMISIONES DE INVESTIGACIÓN

El Congreso puede crear comisiones de investigación sobre cualquier tema y hacer que comparezcan testigos que, si mienten, son acusados de falso testimonio. No obstante, estas comisiones no son tribunales y, por tanto, no pueden juzgar ni condenar. Aun así, poseen un cierto peso y en el pasado han permitido, por ejemplo, poner fin a redes de gánsteres.

De forma paralela, tras el fallecimiento de J. Edgar Hoover (1885-1972), Richard Nixon nomina como nuevo director del FBI a Patrick Gray (1916-2005), quien tiene que recibir primero la aprobación del Senado. Los senadores aprovechan la oportunidad para interrogarle y, así, se desvela que la Casa Blanca ha impuesto al FBI a uno de sus hombres, John W. Dean, para supervisar la investigación de los agentes federales; se descubre, además, que habría mentido sobre algunas cuestiones. Patrick Gray no sale bien parado de estas revelaciones y Richard Nixon le retira su apoyo. Al mismo tiempo, la opinión pública se entera de la existencia de este equipo especial, los «fontaneros», creado por Howard Hunt y Gordon Liddy, y de que el Watergate no era su primera hazaña. En concreto, sale a la luz que los «fontaneros» registraron el despacho de Daniel Ellsberg, el hombre del caso de los Papeles del Pentágono. Como consecuencia de estas revelaciones, circulan rumores sobre la inminente dimisión de John W. Dean, quien se niega a ser el chivo expiatorio de este asunto.

En abril de 1973, ya no existe duda alguna de que la Casa Blanca está implicada en el escándalo. Pero saber hasta qué nivel, esa es otra historia. Richard Nixon, que siente el cerco estrecharse sobre él, se ve obligado a actuar para alejar las sospechas. El 30 de abril anuncia la dimisión de John W. Dean y de sus dos colaboradores más estrechos, John Ehrlichman y Robert Haldeman. Richard Nixon hace que toda la culpa recaiga sobre estas tres personas y, de esta forma, intenta rehabilitarse.

LAS GRABACIONES DE NIXON

La comisión Ervin comienza su actividad el 17 de mayo de 1973. Al día siguiente, Elliot L. Richardson (1920-1999), el nuevo fiscal general, nomina para el puesto de fiscal especial a Archibald Cox (1912-2004), profesor de Derecho en Harvard y ex número tres del Departamento de Justicia con la administración Kennedy.

Los debates se retransmiten por televisión mientras los testigos, desconocidos para el gran público, desfilan delante de la comisión. El primer gran acontecimiento es la declaración, el 25 de junio de 1973, de John W. Dean, quien relata los numerosos asuntos en que los republicanos están involucrados e, incluso, incrimina directamente al presidente Nixon y a su asesor especial, Charles Colson (1931-2012). Sin embargo, los documentos que entrega para apoyar sus declaraciones son pocos y su testimonio es percibido como el de un excolaborador amargado. Richard Nixon consigue una pequeña tregua, aunque será breve.

Alexander Butterfield (nacido en 1926), exadjunto de Robert Haldeman, comparece ante la comisión el 13 de julio de 1973. A colación de una pregunta, revela que Richard Nixon registra todas sus entrevistas a espaldas de sus interlocutores, lo que provoca estupor en la comisión y en la opinión pública. Estas revelaciones socavan la popularidad del presidente, que se encuentra en caída libre en los sondeos, y provocan que las conferencias de prensa sean cada vez más tensas.

La comisión reclama a la Casa Blanca las cintas magnéticas con las grabaciones para averiguar si Richard Nixon tenía conocimiento de las maniobras del CRP. Pero el presidente se niega a entregarlas, argumentando que el ejecutivo no tiene ninguna obligación hacia el legislativo cuando se trata de documentos confidenciales. Archibald Cox y Sam Ervin recurren entonces a los tribunales. El 19 de octubre de 1973, el juez John Sirica obliga a la Casa Blanca a entregar las cintas. El presidente propone al juez no recurrir al Tribunal Supremo si este acepta que entregue solo las transcripciones de las grabaciones.

El presidente Nixon obligado a entregar las transcripciones de las cintas magnéticas.

LA MASACRE DEL SÁBADO POR LA NOCHE

El sábado 20 de octubre, Archibald Cox le hace saber al presidente, durante una rueda de prensa, que rechaza el trato
que propone. Nixon, furioso, le pide a Elliot L. Richardson
que cese al fiscal especial; este se niega y, para apoyar sus
palabras, dimite inmediatamente después. El presidente
se vuelve entonces hacia el adjunto de Richardson, William
Ruckelshaus (nacido en 1932), que se niega y abandona también sus funciones. El presidente realiza la misma petición a
Robert Bork (1927-2012), el número tres del Departamento
de Justicia, quien sí acepta destituir a Archibald Cox.

Los medios de comunicación se hacen eco del suceso, al que

apodan «la masacre del sábado por la noche». Los estadounidenses, encolerizados, no aceptan este golpe de mando del ejecutivo: las cintas magnéticas están en el epicentro del escándalo y nadie duda de que en ellas se encuentran todas las respuestas. Nixon es ahora, para la opinión pública, un verdadero tirano.

Al mismo tiempo, el vicepresidente, Spiro Agnew (1918-1996), dimite de su cargo por razones poco honorables. Durante su etapa como gobernador de Maryland habría recibido sobornos de empresas de obras públicas. Este asunto, sacado a la luz por el *Wall Street Journal*, adquiere una importancia cada vez mayor y Agnew se ve obligado a dimitir. Richard Nixon ve en ello la ocasión para desviar la atención de la opinión pública, lo que resulta un esfuerzo inútil: para los estadounidenses, todos los miembros de la administración Nixon son corruptos. Así, el final de Spiro Agnew será solo el preludio de la inevitable caída de Richard Nixon.

LA CAÍDA DE NIXON

Tras la masacre del sábado por la noche, llega al Comité Judicial de la Cámara una moción de *impeachment* con la firma de 84 representantes. El comité, presidido por el demócrata Peter W. Rodino (1909-2005), tiene un millón de dólares para llevar a cabo la investigación y cuenta con expertos y abogados. Los seis apartados de la acusación, relativos al conjunto del mandato de Nixon, son los siguientes:

- el allanamiento del Watergate y la financiación de la

defensa de los inculpados;

- la campaña electoral de 1972 y los abusos cometidos por el Partido Republicano;
- las operaciones de vigilancia de los «fontaneros»;
- los ingresos del presidente, quien habría desviado diez millones de dólares para financiar sus segundas residencias;
- la utilización de agencias del Estado para prestar servicios a los generosos donantes de la campaña de Richard Nixon;
- el bombardeo de Camboya (1969-1973), que tuvo lugar sin la autorización previa del Congreso, y el desmantelamiento ilegal de la Office of Economic Opportunity.

A excepción de en el sexto punto de la acusación, las cintas magnéticas se encuentran en el centro del debate. Richard Nixon hace llegar a Leon Jaworski (1905-1982), el nuevo fiscal especial, las nueve cintas a las que se ha comprometido.

Pero, de las nueve conversaciones, dos no se han grabado. Además, se han borrado manualmente 18 minutos de la conversación correspondiente al 20 de junio de 1972, la más importante de todas. La secretaria particular del presidente se presta a cargar con la responsabilidad de la destrucción de las cintas, pero nadie se deja engañar y la prensa apunta directamente a una tentativa desesperada del presidente por ocultar la verdad.

Manifestantes marchan para pedir el *impeachment* de Nixon.

El 30 de abril de 1974, Richard Nixon intenta una nueva maniobra. En una aparición televisiva anuncia que la Casa Blanca ha realizado la transcripción de las 46 conversaciones sobre el Watergate. Lo que está pensado como una maniobra de distracción, resulta ser una muy mala idea. Algunos pasajes se han censurado deliberadamente pero, como las transcripciones de las cintas se han hecho con prisas, otros dejan traslucir un aspecto poco brillante de la personalidad de Nixon, lo que hace bajar aún más su cota de popularidad.

El 24 de julio de 1974, el Tribunal Supremo da la razón a la comisión de investigación. Cuatro de sus miembros habían sido nominados por Richard Nixon, por lo que cabría esperar una cierta complacencia del Presidente del Tribunal, Warren Burger, y de sus hombres hacia el presidente. Pero no es este el caso. El 5 de agosto de 1974, la Casa Blanca entrega las cintas de las conversaciones mantenidas el 23 de junio de 1972 entre Richard Nixon y Robert Haldeman. En ellas se pone de manifiesto, con toda claridad, que el californiano ha hecho todo lo posible por ralentizar la investigación del FBI. El 8 de agosto de 1974, acorralado, anuncia que dimitirá al día siguiente. El 9 de agosto, el vicepresidente Gerald Ford presta juramento y se convierte en el 38.º Presidente de los Estados Unidos.

Retrato de Gerald Ford.

REPERCUSIONES

EL INDULTO PRESIDENCIAL

La dimisión de Nixon marca la llegada de Gerald Ford como nuevo inquilino a la Casa Blanca. Ford tiene pronto que pronunciarse sobre la condena de su predecesor y, el 8 de septiembre de 1974, adopta una decisión muy impopular. Pese a que la opinión pública quiere llevar a Richard Nixon ante los tribunales, el nuevo presidente decide concederle el indulto, lo que previene cualquier acción ante la justicia. A cambio, le pide a Nixon que redacte un texto en el que reconozca todos los hechos y presente sus disculpas. Pese a negarse, el nuevo presidente acepta de todas formas concederle la amnistía.

UNA NUEVA FORMA DE ENTENDER LA POLÍTICA

El escándalo Watergate tiene como consecuencia un cambio en la forma de entender la política por los estadounidenses. Este asunto, junto con el final de la guerra de Vietnam y la crisis económica, acelera la entrada de los Estados Unidos en un nuevo mundo, más individualista y asolado por las dudas.

No obstante, a simple vista no se produce ningún cambio en el ámbito político. Pese a la creciente desconfianza de la población para con los demócratas y los republicanos, el bipartidismo sigue siendo el modelo predominante. Los dos partidos tradicionales, incapaces de tener ideas nuevas para modernizar el país, son percibidos a partir de ahora como máquinas electorales sin coherencia ni consistencia. Para poder encontrar novedades, hace falta mirar a los partidos pequeños, numerosos en esta época. Los estadounidenses les encuentran un cierto atractivo, pero, pese a ello, no les otorgan voz.

Este es también un periodo en el que los grupos de presión, o *lobbies*, se consolidan. Estas asociaciones, ya sean religiosas, étnicas, profesionales, geográficas o incluso ideológicas, consiguen alcanzar consensos gracias a la homogeneidad de sus miembros y a la idea del bien común que les guía. Así, se ven regiones o Estados enfrentados entre sí con el fin de defender sus propios intereses. También se da este antagonismo dentro de un mismo estado y, de esta forma, se producen enfrentamientos entre comunidades.

Con la falta de confianza en la clase política se ha acelerado el proceso de escisión del país, que se guía ahora por una lógica de intereses establecidos. James Schlesinger (1929-2014), secretario de Energía con Jimmy Carter (nacido en 1924), denuncia este proceso con el término de «balcaniza-ción» de los Estados Unidos.

ALTERACIONES POLÍTICAS

En los últimos cuarenta años, se viene produciendo una concentración de poder en manos de los presidentes esta-dounidenses, en detrimento del Congreso. Los presidentes se convierten, en cierto modo, en monarcas absolutos, algo que resulta francamente extravagante en un país que cree a ciegas en la democracia y que rechaza el poder federal. Si

parece que Richard Nixon ha ido más lejos que sus prede-
cesores, es posible que sea solamente porque sus acciones
han salido a la luz y porque, a menudo, ha considerado estar
legitimado para eludir las leyes y la Constitución en virtud
del poder que detentaba.

Así, las acciones de Richard Nixon ponen fin a lo que Arthur
M. Schlesinger (historiador estadounidense, 1917-2007) cali-
fica de «presidencia imperial». Como consecuencia de este
escándalo, la Casa Blanca pierde su esplendor a los ojos y en
el corazón de los estadounidenses; figura ahora en el último
lugar en una lista de 22 instituciones y, durante la segunda
mitad de los años 70, solo el 18 % de la población afirma
confiar en ella.

El Congreso busca ahora retomar las riendas. En 1973, adopta
la War Powers Act, una ley que limita el poder del presidente
sobre las intervenciones militares. También, refuerza su
control presupuestario: en adelante, el presidente no puede
congelar los créditos aprobados, como hiciera Nixon con la
Office of Economic Opportunity. También aprueba, en 1971,
una ley para poner fin a los desvíos financieros como los
producidos durante las últimas elecciones. Este texto será
completado a lo largo de un decenio con varias enmiendas.
Sin embargo, el Congreso no adquiere más poder, y la
multiplicación de subcomisiones, redundantes, hace que
los legisladores menos experimentados tengan que tomar
decisiones en condiciones caóticas y poco claras.

Podría creerse que el escándalo Watergate, que castiga a
Richard Nixon en pleno apogeo de su política conservadora,
tendría como consecuencia la renovación de las ideas

liberales. Sin embargo, no es esto lo que sucede en el largo plazo. Es cierto que los demócratas ganan la mayoría del Congreso en las elecciones de 1974 y que, en 1976, Jimmy Carter, gobernador de Georgia, entra en la Casa Blanca. Pero esto solo dura cuatro años. Ronald Reagan (1911-2004), portavoz del ultraconservacionismo, reinará durante los años 80. Reagan, exactor de cine, cristaliza el cambio que se produce en el seno de los republicanos. Los moderados se ven rápidamente superados por las nuevas personalidades conservadoras, como George H. W. Bush (nacido en 1924), Donald Rumsfeld (nacido en 1932) o incluso Dick Cheney (nacido en 1941).

EL MONICAGATE

El escándalo Watergate ha convencido a la opinión pública de que el delito más grave que puede cometer un presidente es mentir. La imagen de un presidente omnipotente da paso a la de un presidente irreprochable y virtuoso. Casi 30 años después de las extravagancias de Richard Nixon, esta idea permanece firmemente anclada en la cultura estadounidense. Así, el presidente demócrata Bill Clinton (nacido en 1946) sufre en 1998 la amenaza de un proceso de *impeachment* bloqueada por el Senado tras mentir bajo juramento sobre las relaciones sexuales que mantuvo con una becaria de la Casa Blanca, Monica Lewinsky (nacida en 1973).

EN RESUMEN

1968
Elección de Richard Nixon como presidente de los Estados Unidos

1972
17 jun.: detención de cinco fontaneros en el edificio Watergate

7 nov.: reelección de Nixon

1973
30 abr.: **comienza el juicio de los inculpados**

20 oct.: masacre del sábado por la noche

1974
9 ag.: publicación del informe con las transcripciones de las conversaciones sobre el Watergate

30 abr.: **dimisión de Richard Nixon y prestación de juramento de Gerald Ford**

- El 17 de junio de 1972, la policía detiene a cinco personas en el edificio Watergate. Los «fontaneros», como se les conoce, no parecen ser simples ladrones, sino espías que pretenden colocar micros en la sede del Partido Demócrata. La investigación lleva rápidamente al Comité para la Reelección del Presidente (CRP) y a dos de sus miembros clave, Howard Hunt y Gordon Liddy.
- El *Washington Post* saca a la luz que el CRP tiene en

marcha una red de espionaje de gran envergadura y que el Watergate no es su primer trabajo.

- Esto no afecta a la popularidad de Richard Nixon que, el 7 de noviembre de 1972, es reelegido como presidente de los Estados Unidos.
- El 30 de abril de 1973, da comienzo el juicio de los inculpados, presidido por el juez Sirica. Durante el mismo, se descubre que figuras importantes de la Casa Blanca están implicadas en el robo del Watergate. Richard Nixon, que siente que el cerco se estrecha sobre él, provoca la dimisión de tres de sus más estrechos colaboradores: John W. Dean, John Ehrlichman y Robert Haldeman.
- El 16 de julio de 1973, delante de la comisión del senador Ervin, un colaborador de Robert Haldeman confiesa que Richard Nixon graba todas sus entrevistas sin el conocimiento de sus interlocutores. Para la opinión pública y la comisión esto supone una gran conmoción.
- Como consecuencia de un interminable enredo sobre las grabaciones del presidente, que podrían arrojar luz sobre el asunto, el fiscal especial Archibald Cox, Elliot L. Richardson y William Ruckelshaus se ven obligados a abandonar sus cargos. Los periódicos no tardan en apodar esa noche del 20 de octubre de 1973 como la «masacre del sábado por la noche».
- La Cámara de Representantes solicita al Comité Judicial, de forma casi unánime, que abra un proceso de *impeachment* contra Richard Nixon.
- El 30 de abril de 1974, la Casa Blanca publica un informe con las transcripciones de las conversaciones de Richard Nixon, pero esto no consigue aplacar a la opinión pública ni a Leon Jaworski, el nuevo fiscal especial.

- Al cabo de los meses, Richard Nixon, acorralado, no puede evitar la entrega de las cintas magnéticas y, el 9 de agosto de 1974, termina por dimitir. En cualquier caso, su sucesor, Gerald Ford, le concede el indulto.

PARA IR MÁS ALLÁ

FUENTES BIBLIOGRÁFICAS

- Aitken, Jonathan. 1996. *Nixon: A Life*. Washington: Regnery Publishing.
- Bernstein, Carl y Bob Woodward. 2005. *Todos los hombres del presidente*. Traducido por Joaquín Adsuar Ortega. Barcelona: Inédita Ediciones.
- Coppolani, Antoine. 2013. *Richard Nixon*. París: Fayard.
- Durandin, Catherine. 2001. *Nixon, le président maudit*. París: Grancher.
- Kaspi, André. 1983. *Le Watergate*. Bruselas: Éditions Complexe.
- Kaspi, André. 1986. *Les Américains. Les États-Unis de 1945 à nos jours*. París: Seuil.
- Kroes, Claude. 1974. *Watergate: série noire pour la Maison-Blanche*. París: Éditions Sociales.
- McCarthy, Mary. 1974. *Retratos del Watergate*. Traducido por Antonio Desmonts. Barcelona: Editorial Anagrama.
- Mélandri, Pierre. 2008. *Histoire des États-Unis. Le déclin?*, tomo 1. París: Perrin.
- Moisy, Claude. 1994. *Nixon et le Watergate: la chute d'un président*. París: Hachette.
- Zoller, Elisabeth. 1999. *De Nixon à Clinton: malentendus juridiques transatlantiques*. París: Presses universitaires de France.

FUENTES ICONOGRÁFICAS

- Retrato de Richard Nixon. La imagen reproducida está

libre de derechos.
* Retrato de Sam Ervin. La imagen reproducida está libre de derechos.
* Vista aérea del edificio Watergate, fotografía de 2006. La imagen reproducida está libre de derechos.
* El presidente Nixon obligado a entregar las transcripciones de las cintas magnéticas. La imagen reproducida está libre de derechos.
* Manifestantes marchan para pedir el *impeachment* de Nixon. La imagen reproducida está libre de derechos.
* Retrato de Gerald Ford. La imagen reproducida está libre de derechos.

PELÍCULAS

* *Todos los hombres del presidente.* Dirigida por Alan J. Pakula, con Dustin Hoffman, Robert Redford y Jack Warden. Estados Unidos: Columbia Pictures y Wildwood Enterprises, 1976.
* *Nixon.* Dirigida por Oliver Stone, con Anthony Hopkins, Joan Allen y Ed Harris. Estados Unidos: Illusion Entertainment Group y Cinergi, 1995.
* *Frost/Nixon.* Dirigida por Ron Howard, con Kevin Bacon, Frank Langella y Michael Sheen. Estados Unidos, Gran Bretaña y Francia: Imagine Entertainment, Working Title Films, StudioCanal y Relativity Media, 2008.

¡APRENDER NUNCA ANTES FUE TAN RÁPIDO!

www.en50minutos.es

Made in the USA
Monee, IL
07 July 2026